Simón

juega a los detectives

Texto de Sophie de Mullenheim
Ilustraciones de Romain Guyard

Para su cumpleaños, a Simón le han regalado el disfraz de todo
un superdetective: una gorra, un cuaderno de notas y una gran lupa.
Desde entonces, examina minuciosamente cada rincón del jardín
y el bosque.

—Interesante... —dice al ver un hilo enganchado en un arbusto.

La pista parece reciente y conduce a Simón
a un ovillo de lana que ha perdido su madre.

3

—Bueno, bueno, bueno... —dice Simón siguiendo el rastro de un caracol cerca del huerto—. Acabo de encontrar al culpable de los mordiscos en las lechugas de papá.

De pista en pista, Simón se divierte de lo lindo.
Pero, conforme va resolviendo pequeños misterios,
se imagina inmerso en una gran investigación, una de
verdad. ¡Con ladrones y villanos!

Poco después, Simón se encuentra un trozo de papel roto que le resulta curioso.

El pequeño mapache analiza el papel desde todos los ángulos y trata de comprenderlo. ¡Rápido, tiene que enseñárselo a sus amigos!

—Está muy claro —dice Óscar muy seguro—. Un ladrón
con barba, habitante de la montaña, ha robado el dinero.
—Clarísimamente ha dado en el clavo —añade Ben.
—Y se ha hecho muy rico —confirma Guille.
—Pero ¿quién ha podido ser? ¡Debemos iniciar una investigación!
—contesta Simón muy emocionado.

9

—Veamos, veamos —reflexiona el mapache—. ¿Quién de por aquí lleva barba?

—¡El viejo conejo! —exclama Guille.

Sin pensarlo dos veces, los cuatro aprendices de detective se apresuran a casa del conejo. Pero, al fijarse bien, ven que el conejo lleva bigote, no barba.

—Este no es un bigote cualquiera —dice el conejo,
orgulloso—. Mi amigo el tejón, que tiene la madriguera
a los pies de la montaña, viene cada semana para cortármelo.
—¿Tejón? ¿La montaña? —exclama Simón encantado
de contar con nuevas pistas.

En un abrir y cerrar de ojos, Simón,
Ben, Guille y Óscar llegan a casa
del tejón. Lo pillan trabajando.
—¿Qué estás haciendo? —le interroga
Simón.
—Estoy ampliando mi casa. Necesito
una habitación más para proteger algo
muy valioso.

—¿Algo muy valioso?
—¡Sí! Estos adorables ratoncitos que
acaban de nacer. Le he prometido a
su mamá una preciosa habitación porque
tiene miedo de la comadreja.
Simón hace una mueca, no le cuadra...
El tejón es demasiado bueno para ser
un ladrón. Sin embargo, la comadreja...

—¿Habéis oído? —pregunta Simón—. El tejón nos ha
hablado de la comadreja. Ella no tiene barba ni vive en
la montaña, pero suele robarnos cosas. Y, además, ha podido
disfrazarse perfectamente.

Pero... ¡mala suerte! Cuando los aprendices de detective llegan a casa de la comadreja, no está. Ha colgado un cartel en la puerta: «Estoy de viaje». Entonces, ella no puede ser el misterioso ladrón. Simón está decepcionado, la investigación está atascada.
Él creía que ser detective era menos complicado...

—Deberíamos buscar huellas —propone Óscar—. ¡Mirad!
¡Ahí hay algunas huellas de patas!
—Hummm... Sin duda eso es sospechoso —dice Simón.
Los cuatro amigos siguen la pista hasta... ¡Josefina!
La cervatilla camina con una cabra montés
que ellos no habían visto nunca por allí.

—Os presento a Román, mi primo —dice Josefina.
Simón escudriña a Román de arriba abajo porque resulta
que lleva perilla.
—¿Dónde vives tú? —le pregunta.
—Arriba, en la montaña.

—¿Y qué has venido a hacer por aquí?

—¡Es un secreto! —responde Josefina sonriente.

Simón, Guille, Óscar y Ben asienten con la cabeza. ¡Es un sospechoso!
Su intuición de detectives no puede fallarles.

De repente, Ben salta sobre Román y lo deja medio aturdido.

—¡Te tenemos! —grita.

—¡¿Qué haces?! —chilla Josefina—. ¡Déjale!

Pero Ben no la escucha y, en un movimiento fugaz, ata a Román.

—¡Es un ladrón! —le explica Simón—. Hemos estado investigando y tenemos pruebas.

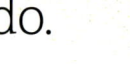

Cuando le muestra el papel roto a la cervatilla,
Josefina empieza a reírse.

—Hay que informarse bien antes de iniciar una investigación y acusar a alguien —dice ella—. Nunca ha habido ningún ladrón porque no se ha robado ningún dinero.

—Pero si está aquí escrito.
—El problema es que no tienes el mensaje completo. Mira.

Josefina se acerca a un árbol y muestra a sus amigos
un papel colgado.
—Aquí tenéis vuestro misterioso robo —les dice.

El papel es un cartel anunciando la llegada de la feria al Bosque de las Espinas. Al principio, Simón no entiende nada. Pero, al colocar su trozo de papel roto sobre el cartel del árbol, todo encaja perfectamente.

—No sabía que venía la feria —se excusa el mapache, ahora muy avergonzado.

—Es normal —dice Josefina—. Tu madre arrancó el cartel cercano a vuestra casa para que no lo vieras, quería darte una sorpresa. Se le debió de caer un trozo.

—Y he arruinado su sorpresa —suspira Simón, decepcionado.

—Y a todo esto... —dice Ben, que sigue desconfiando—.
¿Para qué ha venido Román aquí?
—Precisamente ha venido por la feria.

Ben está muy preocupado.
—Y nosotros le hemos atacado...
—Bah, ¡tengo la cabeza muy dura! —responde Román—.
Aunque, si pudieras desatarme...

Al final, la sorpresa no se arruinó del todo porque Simón y sus amigos no habían visto jamás una feria tan espectacular. Montaña rusa, tiovivo, noria… ¡No dan abasto!
Sin embargo, parece que falta algo…

MONTAÑA RUSA

ALGODÓN DE AZÚCAR

MANZANAS DE CARAMELO

—¿Dónde está Román? —pregunta Simón a Josefina.
—¡Ah! ¡Misterio! Corresponde a los buenos
detectives encontrarle.

Dirección general: Gauthier Auzou
Responsable editorial: Laura Levy
Editora: Marine Courvoisier
Responsable de diseño gráfico: Alice Nominé
Responsable de fabricación: Cécile Alexandre-Tabouy
Fabricación: Virginie Pierson
Edición en español: MSA agencia editorial
Traducción: Llanos Toboso

www.auzou.fr